Histoires de veillées, d'aventures et de camps

MAME

Direction : Guillaume Arnaud
Direction éditoriale : Sophie Cluzel
Édition : Camille Icole

Direction artistique : Élisabeth Hebert
Conception graphique : Séverine Roze

Direction de fabrication : Thierry Dubus
Fabrication : Florence Bellot
Mise en page : Text'Oh

15/27 rue Moussorgski,
75895 Paris Cedex 18
www.mameeditions.com
ISBN : 978-2-7289-2172-0 - MDS : 531 526

« Loi n°49-956 du 16 juillet 1949 sur les publications destinées à la jeunesse. »

Histoires de veillées, d'aventures et de camps

Auteurs : Virginie Aladjidi et Caroline Pellissier
Illustratrice : Éléonore Della Malva

★

MAME

Merci !

Merci à toutes les jeannettes, toutes les louvettes, tous les louveteaux et tous les chefs des Scouts et Guides de France, des Scouts unitaires de France et des Scouts d'Europe qui nous ont raconté en souriant leurs souvenirs de camps.

Les auteures

PETIT VOCABULAIRE

En 1907, en Angleterre, Robert Baden-Powell crée le mouvement scout. Il voulait apprendre à de jeunes garçons à s'entraider, à se faire des amis, à se débrouiller dans la nature, à la découvrir et à l'aimer. Très vite, le scoutisme s'est répandu dans le monde entier. En France, il y a plusieurs mouvements de scoutisme catholique. Quelques mots de vocabulaire leur sont propres et vous les retrouverez dans nos histoires qui mettent en scène des membres de ces divers mouvements. Voici donc un petit lexique pour vous y retrouver !

Europe : Scouts d'Europe.

SGDF : Scouts et Guides de France.

SUF : Scouts unitaires de France.

Akéla : grand chef (ou grande cheftaine) louveteaux et louvettes dans les mouvements SUF et Europe.

Caravelle : fille (de 14 à 17 ans) dans le mouvement SGDF.

Chef ou cheftaine : adulte animateur.

Compagnon : garçon (de plus de 17 ans) dans le mouvement SGDF.

Jeannette : fille (de 8 à 11 ans) dans les mouvements SGDF et SUF.

Louveteau : garçon (de 8 à 11 ans) dans les mouvements Europe, SGDF et SUF.

Louvette : fille (de 8 à 11 ans) dans le mouvement Europe.

Meute : ensemble des sizaines dans les mouvements SUF et Europe.

Sizaine : équipe de 6 (dont le sizainier et le second).

SOMMAIRE

★ Histoire 1 ★

L'ANNÉE OÙ JE SUIS DEVENUE SIZAINIÈRE

Par Suzanne

Ce que j'aime dans le scoutisme... c'est que, chaque année, je progresse !

La preuve : j'ai tellement grandi que les cheftaines m'ont annoncé que je serais sizainière ! J'ai senti mon cœur gonfler et envahir ma poitrine. J'ai pensé à ma sizainière, Charlotte, quand je suis entrée chez les jeannettes, il y a trois ans maintenant ! Charlotte ! Elle était grande, elle savait faire des tas de choses et elle m'en a tellement appris !

Aujourd'hui, j'ai un peu honte de l'avouer, mais pour le premier week-end, j'avais emporté mon doudou ! Une fois la tente montée, nous nous y étions installées avant le repas du soir. Notre sizainière, la grande Charlotte donc, nous avait dit qu'il valait mieux ranger ses chaussures entre le double-toit et le toit, plutôt que dans la tente. Vous voyez (ou plutôt vous sentez) pourquoi, bien sûr !

Assise en tailleur, et en chaussettes, je regardais les autres : où mettre ce gros sac qui semblait plus grand que moi ? « On le met à ses pieds, on l'ouvre et on déroule le duvet sur le tapis de sol. » Charlotte avait ajouté, l'air malicieux : « Range bien ta housse de duvet. Moi quand j'étais première année, je l'avais perdue… Je ne sais pas trop comment j'avais fait mais mon père n'était pas content. »

J'avais écouté Charlotte – bien sûr – et enfoncé la housse du duvet dans une poche de mon sac à dos.

C'est à ce moment-là qu'une araignée avait escaladé mon sac telle une alpiniste sur l'Himalaya. « UNE ARAIGNÉE ! Écrasez-la, écrasez-la ! » Les filles riaient ou criaient. Charlotte s'était approchée de la bête, l'avait fait grimper sur son carnet de chants et avait ouvert la tente. Et hop ! Le monstre avait été relâché dans la nature avant qu'aucune de nous ne l'écrase. « On est amies de la nature, non ? Même des araignées ! » J'avais admiré son sang-froid. C'est vrai, chacun a le droit de vivre tranquille, même s'il a huit pattes !

★

C'est à ce moment-là qu'une araignée avait escaladé mon sac telle une alpiniste sur l'Himalaya.

Nous devions sortir notre pyjama, des chaussettes propres, tout cela avant que la nuit ne tombe. Mon doudou était là dans mon gros sac, il sautait à l'extérieur dès que je sortais une chaussette, un haut, un bas de pyjama. Vite, je le remettais à l'intérieur, un peu gênée. Charlotte avait alors gentiment dit en regardant Manon, une nouvelle elle aussi : « Les filles, si vous avez un doudou, mettez-le dans votre duvet, il sera moins glacial quand vous viendrez dormir. » Je n'avais pas été la seule à glisser mon bras dans mon sac et à écouter ce conseil de notre formidable sizainière !

Le lendemain matin, notre sizaine était chargée du service de l'eau. Je pensais confusément que Charlotte allait être responsable des quatre bidons et qu'elle allait en faire plus que nous. Nous jouions assises, Manon et moi, écrivant avec des herbes sèches notre prénom sur le sol. Alors Charlotte s'était plantée devant nous, un peu rouge mais respirant profondément (elle devait se retenir pour ne pas nous crier dessus). Elle nous avait regardées dans le blanc des yeux et avait dit :

– Allez, vous aussi !

– Mais c'est trop lourd, avais-je murmuré.

– On n'y arrivera jamais, avait ajouté Manon…

Mais Charlotte avait déclaré d'un ton ferme :

– Bien sûr que si, vous n'êtes pas plus manchotes que nous !

De retour avec notre gros bidon, soudain fières de nous, nous avions accéléré le pas. Patatras, le bidon avait roulé, et s'était vidé, bien sûr (puisque nous n'avions pas pris la peine de revisser le bouchon du jerrican). Il s'était vidé sur le feu, que la cheftaine était en train d'allumer.

Charlotte qui venait de poser son propre bidon, s'était écriée :

– J'y crois paaaas !

Ses yeux lançaient des éclairs. Elle avait dit :

– On y retourne en courant !

Et, d'un bras énergique, elle avait attrapé notre bidon. On avait couru avec elle à l'autre bout du champ (où se trouvait le point d'eau), on l'avait rempli et on était revenues illico presto, un peu penaudes. La cheftaine avait pesté, tempêté, asséché le foyer et rallumé le feu. Depuis, quand je suis de service d'eau, je veille plutôt deux fois qu'une à ce que le bouchon soit bien vissé !

Bon, tous ces souvenirs, c'est bien mignon, mais cette année c'est moi qui suis sizainière. Et le camp commence !

Je ne compte pas, moi non plus, tout faire toute seule, surtout pas la corvée d'eau. Enfin bon, ce n'est pas tellement le moment d'y penser parce que, pour l'instant, c'est le moment du temps calme. Je repère Rita qui va s'asseoir contre un arbre, toute seule. Elle n'a pas l'air d'être très en forme.

– J'ai un peu chaud. Mais ne t'inquiète pas, ça va aller, me dit Rita.

C'est vrai que la chaleur est étouffante ! Je cours remplir ma gourde au bidon, et je lui donne un peu d'eau. Le bidon est presque vide, il faudra qu'on pense à le remplir.

– Tu as l'air un peu triste, lui dis-je.

– Ma maman me manque, dit Rita tout doucement. J'aimerais bien avoir des nouvelles.

Elsa, une autre sizainière, entend notre conversation et se moque gentiment :

– Elle veut sa maman ? Pauv' jeannette !

Rita se sent encore plus mal. Mais Elsa ajoute :

– Prends ton doudou. Moi, au premier camp, quand j'avais un peu le cafard, je prenais mon doudou. (Tiens, elle aussi !)

Elsa est trop sympa. Et quand elle se moque, elle se rattrape ensuite. Tout le monde sait qu'elle n'est pas méchante. Ce n'était pas le cas il y a trois ans !

Un jour, il y a trois ans donc, alors que je tentais dans un grand jeu d'imiter un coq, Elsa avait pouffé en me montrant du doigt et j'avais vraiment été peinée. Quand on joue, aux scouts, on n'est pas là pour abaisser l'autre mais pour s'aider, normalement. La cheftaine lui avait parlé pour lui redire ce qu'on attend d'une jeannette, mais le lendemain Elsa avait recommencé à se moquer, cette fois-ci d'une jeannette assise près du feu qui ne savait pas faire seule ses lacets. C'est à ce moment-là qu'Elsa s'était brûlé le doigt !

Alors moi qui passais devant la scène, je m'étais bien moquée d'elle à mon tour :

– Peut-être qu'une fois cuite tu seras moins coriace ?

Le doigt plongé dans l'eau de son quart, elle n'avait rien répondu, souffrant, et voyant défiler comme dans un film tous les moments de sa vie de camp où elle s'était moquée. Devant son air si bizarre, je lui avais apporté une mandarine, et je la lui avais même épluchée. Pauvre Elsa, avec son doigt où apparaissait une cloque ! Depuis sa brûlure, Elsa a bien changé. C'est vraiment une chouette jeannette.

Le sourire de Rita revient et elle propose de m'aider à aller chercher de l'eau. Quand je vous dis qu'aux scouts on est fiers de grandir ! Elsa vient avec nous et nous raconte qu'elle a vu passer un renard ce matin quand elle était de service de petit déjeuner.

Puis voilà qu'on m'appelle à nouveau pour aider une nouvelle jeannette, haute comme trois pommes, à faire un nœud ! Après le blues de Rita et l'organisation du service d'eau, j'en viens à penser qu'être sizainière, ce n'est pas si facile. Moi aussi, je voudrais bien qu'on vienne m'aider avec le sourire toutes les dix minutes.

Je grimpe dans un arbre pour avoir un peu la paix. Je trouve un bonbon dans une poche de mon short et je le déguste tranquillement, sans aucune responsabilité à assumer, sans service à rendre, sans expérience à partager. Seule, perso, et heureuse de l'être un petit coup !

Un chant résonne ! Vite, c'est l'heure du Conseil des sizainiers avec les chefs. Je fourre mon papier de bonbon dans ma poche, et je pose le pied droit sur une branche pour descendre de ma cachette. Craaaac... La branche casse, je me retrouve en position périlleuse, le pied ballant :

La branche casse, je me retrouve en position périlleuse, le pied ballant.

– Au secours !!!

Rita, qui passe par là, ouvre grand les yeux. Elle grimpe sur la première branche, attrape mon pied et le guide sur une branche solide. Avec vivacité et intelligence, elle sauve sa sizainière ! Ma cheftaine accourt, s'enquiert de moi et me tend la main pour que je descende. Une éraflure, une Rita-amie-pour-la-vie, une cheftaine médaillée « super-cheftaine » plus tard, me voici toute regonflée pour nous entraider et reprendre ma bonne humeur dans mes bagages !

Moi, ce que j'aime dans le scoutisme... c'est que ce n'est pas seulement chaque *année* que l'on grandit, c'est chaque *jour* !

Mais vite ! On m'attend au Conseil !

★ Histoire 2 ★

MISSION TABLE À FEU

Par Louis

C'est le premier jour du camp, le jour des installs, les constructions sur le lieu de camp. Gaston et moi, nous sommes très excités parce que fabriquer des choses de nos mains, c'est notre truc. En fait, ce que nous aimons aux louveteaux, c'est que nous vivons comme des Robinson. Robinson Crusoé, on en a parlé à l'école : il s'est retrouvé tout seul sur une île et il a dû se débrouiller pour construire une maison, trouver à manger et tout ça. Nous, c'est pareil ou presque, sauf que nous sommes vingt ! Nous vivons dans la nature, sans rien du confort moderne, et nous nous débrouillons. (C'est vrai, on a quand même des outils, de la nourriture et des cheftaines pour nous aider mais sinon c'est exactement pareil.)

Chaque sizaine a un objectif. Mission des Gris : construire le vaisselier sur lequel on fera sécher les gamelles et les popotes. Mission des Bruns : installer le coin-toilette (l'endroit où on se lave) – il n'y a pas de raison pour que seules les jeannettes soient propres ! Autre mission des Bruns : les feuillées ! Si vous ne savez pas de quoi il s'agit, regardez dans le dictionnaire… (Bon, je vous le dis, ce sont les toilettes !) Mission des Blancs : élever le coin-prière, si possible éloigné des coins précédents.

Et notre mission donc : bâtir la plus superbe table à feu de tous les temps, même préhistoriques. Qu'est-ce qu'une table à feu, me direz-vous ? Eh bien, il se trouve qu'en camp, il n'y a pas de cuisinière Arthur-Robin ni de four Electrotrux et nous faisons cuire la nourriture sur du feu, comme des hommes préhistoriques, mais en hauteur, parce que nous sommes quand même civilisés. La recette pour fabriquer une table à feu est simple (Gaston la trouve même trop simple) : on empile des morceaux de bois, on pose dessus des branches, on recouvre le tout de bonne boue et le tour est joué.

Au signal des cheftaines, en un clin d'œil, le terrain sur lequel nous campons se transforme en FOURMILIÈRE géante. Du moins, c'est l'impression que vous auriez, de haut, si vous étiez un ange ou si vous voliez dans une montgolfière ! Les louveteaux de la super meute Pier Giorgio Frassati, telles des fourmis, s'activent pour la journée des installs ! Vue de là-haut, quelle organisation ! Quelle perfection dans la division du travail !

Mais, en vous approchant discrètement, les fourmis se transforment en vrais louveteaux… Il y a Erwan et Gaston qui font une bataille de boue, il y a Étienne qui fait tomber une bûche sur le pied d'Edgar et il y a Emmanuel assis tout seul sur une souche, absolument inactif, qui se contente de contempler le travail avec un petit sourire en coin. Et encore, je ne vous parle que de ma sizaine !

La table à feu avance donc, un peu grâce à Bagheera, notre cheftaine, qui, c'est vrai, nous a bien expliqué comment faire. Pour vous qui voulez construire une table à feu sur votre balcon, il faut donc ramasser des grosses bûches et les scier à la bonne taille. Seuls Étienne, c'est notre sizainier, et Edgar, notre second, peuvent utiliser la scie. Ça n'est peut-être pas si mal parce que nous avons déjà plein de zébrures de ronces sur les mollets, récoltées quand nous sommes allés chercher les bûches dans le bois… Puis il faut empiler les bûches façon Kapla, construire une tour assez haute pour qu'on n'ait pas trop à se baisser quand on prend les popotes ou quand on fait le feu. Mais pas trop haute quand même, pour qu'on puisse faire le feu et attraper les popotes. Facile, quoi, surtout quand on aime les Kapla comme Gaston et moi.

Quand la tour est faite, il suffit d'attendre… qu'elle s'écroule ! Enfin, c'est ce qui arrive à la nôtre.

Parce que, quand Bagheera nous a expliqué comment il fallait faire, nous avons été un peu distraits. Il faut dire qu'Edgar était en train d'imiter notre cheftaine exterminant les ronces à coups de scie (shlak, shlak, shlak), et qu'on le regardait bouche bée.

Ce devait être à ce moment précis que Bagheera avait dû expliquer l'étape à ne pas manquer. EH OUI ! Il faut les attacher avec de la ficelle, ces bûches. Parce que justement, une table à feu, ce n'est pas une tour de Kapla. Donc patatras !

Nous sommes condamnés à recommencer. Tout.

Mais où est donc passé Emmanuel ? Déjà qu'on ne l'a vu toucher ni outil ni bûche depuis le début ! On est censés être tous UTILES ici, non ?

Chez les Bruns, aux feuillées, Victor est en train d'essayer la cuvette habilement édifiée au-dessus du trou. Il faut

★

Quand la tour est faite, il suffit d'attendre... qu'elle s'écroule !

croire qu'eux non plus n'avaient pas vraiment écouté la cheftaine, car la cuvette s'écroule et Victor tombe dans le trou.

Heureusement que personne n'était passé avant, fait judicieusement remarquer le second des Bruns.

Chez les Blancs, l'oratoire – ou coin-prière – avance bien. Si l'on excepte le fait que leur scie est désormais en deux morceaux, et que personne n'est vraiment capable d'expliquer comment une telle chose est arrivée.

Chez les Gris, c'est une autre affaire. C'est que c'est technique, un vaisselier. Il faut caser des bassines sur une structure de rondins parfaitement coupés et disposés, sinon les bassines ne tiennent pas. Il est donc plus malin de positionner d'abord les bassines pour voir comment et à quelle place on met les rondins qui la porteront, plutôt que de faire un calcul très compliqué d'après la taille des bassines pour déterminer l'espacement entre les rondins (calcul finalement toujours approximatif). Les Gris voient ce que je veux dire. Mais il a fallu qu'Akéla, la grande cheftaine, leur explique deux fois le principe.

De notre côté, Étienne nous apprend à faire des nœuds. Erwann, Gaston et moi montons notre tour de « pas-

Kapla » à la bonne hauteur pendant qu'Étienne et Edgar, dans une bassine, continuent à mélanger de la terre et de l'eau pour fabriquer la boue. (Sinon, à quoi sert la bassine pendant le camp ? Aucun parent ne veut vraiment savoir qu'elle ne sert qu'à ça. Et il espère qu'on va reparler du coin-toilette.) Nous fermons le haut de la tour par des branches posées à l'horizontale et nous les recouvrons de papier d'aluminium. Puis nous étalons la boue pour éviter que la table ne prenne feu le moment venu. Il ne reste qu'à attendre que la boue sèche sur la table et sur nos habits.

Nous allons ensuite aider les cheftaines avec le mât. En passant devant notre tente, deux chaussures attirent notre attention. Parce que dedans, il y a Emmanuel. Qui semble dormir. C'est dur de ne pas s'énerver. Parce que, même quand on adore les Kapla, Robinson Crusoé et les hommes préhistoriques, on voudrait que tout le monde participe.

Alors nous avons une petite idée, comme ça, toute simple. Nous défaisons une sardine – un piquet qui tient la tente – et enroulons la ficelle autour du pied d'Emmanuel. Vous voyez, une petite idée toute simple.

Et, seulement après, nous partons aider les cheftaines. De loin, quelle rigolade en voyant Emmanuel remonter la tente ! Les cheftaines, qui n'ont rien vu, sonnent le rassemblement.

Tous ensemble, nous faisons le tour des installs. Nous ne sommes pas peu fiers ! En une journée, nous sommes chez nous. Nous avons construit de quoi vivre ensemble pendant une semaine.

Après le dîner parfaitement cuit sur la plus belle table à feu de tous les temps, même préhistoriques, après avoir fait étinceler nos gamelles, nous commençons la veillée autour du feu qui chante et qui palpite, comme dit la chanson. Les cheftaines ont préparé des jeux, des sketchs, des bans, c'est chouette. Et puis, juste à la fin, elles appellent Emmanuel. Tiens, il est réveillé, lui qui n'a rien fait de la journée !

Emmanuel commence à chanter un chant qu'il a inventé, sur l'air de *À la troupe, y a pas d'jambe de bois*. Vous connaissez ?

Ça fait :

« À la meute, y a pas d'maladroit
Les scies s'cassent sans qu'on sache pourquoi
Les gens tombent dans les feuillées sans qu'ce soit leur faute
Et les tables à feu s'écroulent, c'est tout c'est comme ça !

À la meute, chacun est utile
On s'y met tous, même les malhabiles
Tout l'monde écoute Akéla pour construire le vaisselier
Enfin c'est pas toujours vrai : elle doit répéter !

À la meute, y a pas d'rigolos
Sérieusement, on n'en fait pas trop
On n'se lance jamais de boue les uns sur les autres
Et si on piège un copain, il n'en dira rien ! »

Autour du feu, tout le monde rit. On n'aurait jamais cru qu'Emmanuel avait tout noté pour nous faire cette surprise à la veillée. Finalement, comme qui dirait, technicien ou chansonnier, rêveur ou bricoleur, chacun, dans la sizaine, est utile à sa façon…

★ Histoire 3 ★

LE GRAND JEU QU'ON VOULAIT GAGNER

Par Léonie

Moi ce que j'aime aux scouts, ce sont les grands jeux ! Et ce que j'aime encore plus, c'est que mon équipe gagne, ça vous étonne ?

Cet après-midi-là, donc, les chefs nous réunissent et nous répartissent en deux équipes. Ils n'ont même pas commencé à parler que nous nous mettons déjà à hurler, avec mon équipe, que nous allons gagner. Les jeannettes, mine de rien, sans en avoir l'air, ça peut faire du bruit ! On fait un ban pour se donner du cœur à l'ouvrage, avant de se rendre compte qu'on ferait mieux d'écouter le Moine (pas un vrai moine, une cheftaine très bien déguisée). Et nous voilà transportées au temps de Louis XIII ! Deux mousquetaires accompagnent le moine : le Mousquetaire bleu et le

Mousquetaire rouge. Nos cheftaines sont méconnaissables (mais je les reconnais quand même !)

Nous allons donc devenir, le temps d'un grand jeu, des mousquetaires ! Devenir mousquetaire, cela consiste à nouer un ruban rouge ou bleu sur notre bras selon notre équipe. Ensuite, les deux « cheftaines-mousquetaires » passent derrière chacune de nous pour coller dans notre dos un petit papier avec un numéro. Quand le Moine siffle le début du jeu, chaque équipe doit aller arracher les numéros des mousquetaires de l'autre équipe. Puis il faut rapporter chaque numéro au Moine qui nous donne en échange une partie du message qu'il nous faudra ensuite reconstituer. Grâce à ce message, nous connaîtrons le lieu de notre repaire, à nous, les mousquetaires rouges, et nous comptons bien gagner, pardi !

Il va falloir veiller à ne pas se faire attraper par un mousquetaire bleu : nous ne voulons pas que leur équipe découvre son message de mission avant la nôtre ! Mais nous pensons bien arracher tous les papiers des bleues en deux temps trois mouvements. Parce que nous savons courir très vite, je vous assure.

Le Moine demande aux bleues de se mettre en cercle et de fermer les yeux. De notre côté, nous courons nous

★

Nos cheftaines sont méconnaissables
(mais je les reconnais quand même !)

cacher dans le petit bois en sautant au-dessus des ronces et en criant : « On va gagner, on va gagner ! »

Un coup de sifflet et le jeu commence.

Je vois arriver Romane, mousquetaire bleu en pleine forme. Face à face, nous nous regardons dans les yeux, les genoux légèrement pliés vers l'avant, les pieds bien écartés, en parfait équilibre, puis nous nous mettons à sautiller à gauche et à droite pour attraper le numéro de l'autre.

Je pousse des cris de guerrier et lui lance :

– Halte à toi, mousquetaire bleu, tu ne m'auras pas, le message ne sera pas pour toi !

Je ne crois pas si bien dire, ce n'est pas elle qui allait l'avoir mais... une patte griffue qui me racle le dos. Yasmine-en-bleu m'arrache mon numéro et court déjà vers le Moine pour l'échanger contre un mot.

Romane pouffe de rire en criant : « Bravo, bravo ! », et je profite de sa satisfaction pour lui prendre son numéro à mon tour. Je cours moi aussi vers le moine qui me donne en échange un papier avec mon indice : « Votre repaire ». Et je repars à la chasse aux numéros.

En chemin, je croise Blanche, de mon équipe rouge, qui n'en revient pas : elle n'a plus son numéro dans son dos (ce que je lui confirme) et pourtant, elle n'a vu aucun bleu s'approcher d'elle.

Le numéro est-il tombé ? Nous cherchons un peu dans les fourrés mais nous ne le trouvons pas… Blanche est très embêtée. En plus, au rythme où les bleues courent vers le moine, nous comprenons qu'elles vont connaître le lieu de leur mission bien avant nous. Qui dit « connaître sa mission » dit « bientôt réussir sa mission », qui dit « réussir sa mission » dit « GAGNER » !

Soudain Eugénie accourt elle aussi :

– Je n'ai plus mon numéro, je n'ai plus le numéro !

Ce que je confirme à nouveau. Moi non plus, je n'ai plus mon petit papier numéroté mais je sais pourquoi !

Et les bleues ne cessent de courir vers le moine et en reviennent avec des indices pour décoder leur message… Alors, toutes les trois, nous voyons ce que personne ne veut voir : la trahison ! la traîtrise ! Adèle, de notre équipe rouge, s'approche de Lucie (de notre équipe rouge aussi) avec une drôle de tête… Elle lui montre une pâquerette. Et on voit son bras gauche décrocher aussi discrètement qu'un serpent le numéro de Lucie.

Aussitôt, Vanessa-la-bleue court vers sa meilleure copine, « notre » Adèle, et attrape le numéro que celle-ci lui livre ! Adèle préfère sa meilleure amie à son équipe !

Je crie :

– Ahhhh ! C'est interdiiiiit de tricher !

Le Moine ne voit rien, ma cheftaine n'entend rien.

Est-ce parce que je n'ai pas assez de voix ?

Je fonce sur Adèle et réprime l'envie de la secouer comme un prunier. Blanche ne se remet pas de ce qui vient de se passer et hurle qu'on va tout révéler au Moine qui la mettra directement en prison. (Entre nous, je crois que le Moine n'a pas prévu de prison mais bon, il trouvera bien un moyen de l'empêcher d'être déloyale.)

Adèle se défend en bredouillant :

– Je n'ai rien fait, je n'ai rien fait !

Comme le jeu se poursuit autour de nous et que nous voulons gagner, nous décidons de continuer à pister les bleues mais nous gardons Adèle à l'œil : elle a intérêt à jouer pour les mousquetaires rouges désormais !

Adèle attrape enfin un petit papier de l'équipe bleue, qu'elle échange auprès du moine pour NOTRE équipe cette fois-ci. L'indice « à 50 mètres ».

Je ne lui dis même pas « merci »... D'ailleurs c'est la moindre des choses qu'elle rapporte des indices à sa *propre* équipe non ? Je reste de marbre devant cette tricheuse.

Adèle a les yeux qui deviennent comme gris... Elle me retient par le bras en me demandant pardon. Et soudain, elle me lâche et elle court sur une autre bleue, attrape à nouveau un numéro et reçoit ainsi le dernier élément du message : « la bergerie ».

Blanche, Eugénie et moi nous calmons devant son exploit. Nous reconstituons toutes ensemble le message pour trouver le lieu de notre repaire :

Chers/mousquetaires/téméraires,
La bergerie/à 50 mètres/sera/votre repaire,
Vous me/trouverez/j'espère
Venez/avec 5/jolies pierres.

Les bleues sont aussi en train de déchiffrer leur message. Quelle sera l'issue du grand jeu, trouveront-elles leur château avant nous ?

J'ai toujours la ferme intention de gagner. Mais chez les mousquetaires rouges, personne, mais alors personne, ne sait où trouver cette fameuse bergerie. Pas de bergerie à l'horizon. Cinquante mètres, est-ce loin ?

Adèle se lève et nous fait signe de la suivre. Nous gravissons un talus et la bergerie apparaît !

– Tout à l'heure, je ne voulais pas jouer et je suis venue ici me cacher..., explique Adèle. Qu'elle m'énerve, cette Adèle ! Et je ne me remets pas de son forfait de tout à l'heure !

Mais hop ! Nous courons déjà derrière elle en riant et arrivons à la bergerie. Le Moine nous y attend.

– Bravo, les mousquetaires ! Vous voici dans votre repaire.

Vite, nous ramassons cinq pierres et nous obtenons en échange une énigme à résoudre.

« Même quand elle passe du noir au rouge, elle reste bleue.

Qui est-elle ? »

Adèle se met alors à bafouiller, à chercher, à se creuser la tête et à parler à toute vitesse : « Elle reste bleue »... Bleue, comme le ciel ?

Je persifle :

– Comme l'équipe adverse ?

Mais elle, imperturbable, poursuit :

– Bleue comme le ciel ? Non, ça c'est masculin, bleue comme… la mer ? Mais pourquoi la mer serait-elle noire ? La nuit ? Mer… Noire…

Et là, elle hurle, émerveillée de résoudre l'énigmatique énigme :

– MER NOIRE ! Elle passe au rouge ? MER ROUGE !

La cheftaine l'encourage :

– Et donc ? Qui est-elle ?

– La mer ! Qui reste bleue ! La mer Noire, la mer Rouge sont deux… mers qui sont bleues !

– Bravo Adèle !

Elle se retourne et nous crie :

– *Un pour tous !*

Et nous répondons tous avec elle :

– *Tous pour un !*

Mais le jeu n'est pas gagné. Il faut maintenant que chaque équipe remplisse d'eau un bidon situé à cent pas du mât, au centre de notre lieu de camp (eh oui, les mousquetaires ont soif !) Nous devons pour cela faire un relais avec une gourde. Une jeannette va remplir la gourde (les cheftaines ont posé une bassine remplie d'eau au pied du mât), puis la vide dans le bidon, avant de l'apporter à une seconde jeannette qui la remplit à la bassine, la vide dans le bidon, rapporte la gourde vide à une troisième, etc.

La première équipe qui remplira son jerrican aura gagné.

Nous courons au mat ! Mince, les bleues sont déjà là : comment ont-ils fait pour résoudre leur énigme plus vite que NOTRE Adèle ! ?

Nous ne réussissons pas à rattraper notre retard (les bleues avaient déjà bien rempli leur bidon à notre arrivée) mais ce soir à la vaisselle, quand nous devrons trouver de la motivation, nous crierons : « Un pour tous, tous pour un ! » Aujourd'hui, nous venons de gagner une devise pour la vie.

★

« Un pour tous, tous pour un ! »

★ Histoire 4 ★

LE JOUR OÙ J'AI TROUVÉ UN AMI

Par Jules

Depuis toujours, je déteste Lucas. Il passe son temps à faire le pitre. En plus, lors de la première sortie louveteaux, il s'est moqué de moi et de ma petite taille (à l'époque, je dépassais à peine le mètre de hauteur, ce qu'il n'a pas manqué de répéter à l'envi à qui voulait rire grassement, ha, ha, ha !). Lui, c'était sa deuxième année chez les louveteaux.

Évidemment, je me suis retrouvé dans sa sizaine. Je me retrouve donc aussi dans la même tente que lui lors des week-ends. Et ses grosses blagues font rire tout le monde sauf moi. Ce n'est vraiment *pas de chance* de tomber sur le SEUL garçon que je trouve bizarre et pas sympa dans le groupe.

Je sais bien, même de mon mètre de hauteur, qu'aux scouts on est censés être des frères les uns pour les autres. Mais je ne peux pas. Cela me dépasse. D'ailleurs, moi, j'ai un VRAI frère (qui s'appelle Timothée) : eh bien je peux vous dire que s'aimer comme des frères, c'est pas forcément facile tous les jours.

Le premier jour du camp d'été, Robin, un copain louveteau, me dit :

– Chacun a ses qualités. Tu verras, Lucas doit bien en avoir lui aussi…

Je lui réponds, les dents serrées :

– Faudrait rudement bien chercher pour lui en trouver…

Le jour des olympiades, Lucas montre tous ses défauts et bizarreries sans complexe. Au moment du relais, par exemple, alors qu'il doit passer le bâton au suivant très vite, il le fait tournicoter dans les airs… Heureusement, Anatole le saisit au vol. Tous les autres applaudissent cet exploit mais moi, je ne peux pas m'empêcher de maugréer : Lucas nous fait perdre du temps et justement le relais est un jeu de rapidité. Comment peut-il être si bête ?

Puis, c'est la course en sac. Pour le coup, je ne suis pas mécontent de l'avoir dans notre équipe. Comme il est grand, il saute plus loin et plus vite. Mais voilà que, pour amuser la galerie, il ne se met pas à sauter au top départ mais… à faire des roulades avant, glissé dans son sac. Et il

Puis, c'est la course en sac.

rit, il rit… Avec sa technique particulière, il remporte haut la main la manche, mais ça m'énerve encore plus… A-t-on déjà vu une méthode plus stupide ?

Pour le tir à la corde, sa bizarrerie consiste à tirer la corde assis, avec un air benêt assurément. Tous les autres trouvent que c'est une super idée pour « assurer une meilleure prise » mais moi il me gêne lorsque je cherche à reculer… Je me prends les pieds sur lui et je m'écroule, entraînant toute la sizaine dans ma chute… L'autre équipe en profite pour prendre l'avantage… et nous perdons, évidemment !

Le soir, la pluie se met à tomber dru et les chefs décident d'écourter la veillée. Nous rentrons tous dans nos tentes. Malgré le vent, et après quelques blagues, nous finissons par nous endormir. Soudain, une rafale s'abat sur le lieu de camp. Nous nous réveillons en sursaut, transis. Anatole a la frousse, Martin ne dit plus rien, Victor se ronge les ongles… Quel vent ! C'est presque la tempête ! Et si la tente se démâtait ? En plus, manque de chance, j'ai absolument besoin de… faire pipi ! Vraiment !

Lucas me propose alors gentiment de m'accompagner dehors. Je proteste timidement :

– Mais non, non, je vais y aller seul…

J'ouvre la porte de la tente et le vent s'engouffre brutalement. Je suis terrorisé par la nuit noire. Je suis bien content que Lucas n'ait pas l'air de m'avoir entendu et qu'il enfile déjà ses chaussures.

Je suis plein de remords à l'idée de l'avoir si souvent critiqué. Nous sautillons sur cinquante mètres, loin des tentes, à tâtons car la lune est cachée par d'affreux nuages. Je fais ma petite affaire et nous repartons en courant vers la tente. Mais, dans l'obscurité totale, voilà que je me tords la cheville à cause d'une sournoise sardine. Quelle douleur ! Et c'est précisément cet instant que choisissent les affreux nuages pour crever ! La pluie se déverse tout à coup et je me retrouve les fesses dans la boue, tenant ma cheville à deux mains. Lucas s'aperçoit de ma chute et revient aussitôt vers moi. Il m'aide à me relever et, comme il sent que ma cheville est encore faible, ni une ni deux, il me prend sur son dos et me porte à l'abri sous la tente d'intendance.

Il me quitte aussitôt. Je relève le bas de mon pyjama boueux et je repousse une mèche de cheveux trempée. J'attrape un pull laissé sur la cantine et je le pose sur mes épaules. La pluie tambourine contre la toile de tente mais je suis à l'abri ! Grâce à Lucas ! Il est vraiment fort de m'avoir porté comme ça. L'aurais-je fait, moi, dans la nuit et sous la pluie ? Non ! Je ne serais même jamais sorti l'accompagner, d'ailleurs ! Mais où est-il donc passé ?

Lucas entre précipitamment dans la tente avec notre chef qui déjà touche ma cheville, bien embêté. Soudain c'est la panique : un chien vient de se faufiler sous la tente en montrant les crocs. Il est aussi trempé que nous tous et tourne bizarrement sur lui-même. Mais dorénavant je sais qu'une attitude « bizarre » ne veut pas dire une attitude « méchante » ! Le chien est suivi par son maître : un homme caché sous une grande cape à capuche. Même notre chef a un geste de recul !

– Quel orage, vous n'allez pas rester ici avec tous ces enfants !

C'est le voisin, un éleveur de chevaux ! Il propose au chef d'abriter tout le monde dans sa grange car, dans la région, les tempêtes sont sévères.

Aussitôt, c'est le branle-bas de combat ! Les chefs enfilent leurs capes de pluie et filent réveiller les sizaines. Sizaine après sizaine, nous rejoignons tous la grange ! Comme mon pied est toujours enflé, un chef me prend sur son dos. Qu'ils sont courageux, nos chefs ! Prêts à fondre sous la pluie s'il le faut pour leurs louveteaux !

Rapidement, tout le monde est à l'abri. Et quelle pagaille dans la grange ! Un chef examine mon pied et me fait un beau bandage bien serré ! Le voisin revient avec des prunes et du chocolat chaud, et nous voici partis pour un cinquième repas. Les chefs entonnent des chants que nous reprenons tous en chœur. Nous entendons au loin le vent rugir et nous sommes bien contents d'être dans la grange ! Puis nous nous installons confortablement dans les bottes de foin et nous terminons notre nuit au sec. Le lendemain, mon pied va déjà mieux. Il a un peu dégonflé pendant la nuit et je peux marcher. Nous retournons au camp et là, c'est l'apocalypse ! Il y a des branches brisées partout ! Et le double-toit de la tente des Gris s'est envolé. Vite, nous nous activons pour tout remettre en état. Enfin moi, j'aide l'équipe de cuisine car je ne peux pas encore trop marcher !

Bientôt, toutes les tentes sont retendues, le feu chauffe, les pâtes cuisent, les bidons d'eau sont remplis et nous voici prêts à passer à table. Le chef me propose de lire le bénédicité. Il dit : « Merci, Seigneur pour le repas, pour ceux qui l'ont préparé. Merci, Seigneur pour ce que nous donne la nature. Merci, Seigneur pour l'amitié. Apprends-nous à partager. Apprends-nous à pardonner. »

Et tout le monde ajoute : « Bonna bonna ? Pétit ! »

★

Nous entendons au loin le vent rugir et nous sommes bien contents d'être dans la grange !

Lucas vient s'asseoir près de moi. J'ai encore les paroles du bénédicité dans la tête. Je respire un grand coup et je lui dis :

– Au fait, je te demande pardon. Je t'ai toujours critiqué, je le regrette et... merci pour hier soir !

Lucas se met à rire et ne peut s'empêcher de dire une bêtise (qui peut lui en vouloir ?) :

– La prochaine fois, fais pipi au lit, ça fera moins d'ennuis !

Je lui donne un bon coup de coude, sa gamelle tremble, mais ne tombe pas.

Je n'oublierai jamais ce qu'a fait Lucas pour moi. Quel que soit le scout, bizarre ou non, on est tous amis. Et c'est pas du pipi (de chat) de dire ça !

★ Histoire 5 ★

LA RÉCOLTE DES CERISES

Par Suzanne

Moi, j'aime bien rendre service, ça me plaît. Ça me rend, comment dire, joyeuse. Je sers à quelque chose ! Et je sens comme un rayon de soleil me réchauffer quand quelqu'un me sourit après. Je ne fais pas ça pour qu'on me dise merci. Mais quand c'est le cas, ce n'est pas désagréable.

Alors, quand aux scouts on nous demande un service précis, cela ne me pose pas de problème... Enfin jusqu'à aujourd'hui...

Comme à chaque camp, quel que soit notre âge, que nous soyons jeannette, louveteau, guide, scout, pionnier ou autre, nous rendons un service en échange du prêt du lieu de camp. Souvent, ceux qui nous accueillent ne nous demandent rien mais nous voulons les remercier en les aidant.

Ma grande sœur, qui est caravelle, a eu un jour pour mission de ranger une grange. Il a fallu tout sortir, trier, ranger. Mon autre grande sœur, qui est guide, a eu à servir un repas à cent personnes. Mon très grand frère (eh oui, nous sommes sept enfants et cinq scouts !), qui est compagnon, a dû aider à construire un mur dans un lieu qui accueille des jeunes sans famille...

Nous, cet été, notre service, c'est de ramasser des cerises chez les religieuses qui nous hébergent. Sans nous, elles auront du mal à tout ramasser : les branches des nombreux arbres du verger sont couvertes de fruits. Début juillet, les cerises sont mûres et rouge écarlate. Hummmm... Les sœurs comptent ensuite en faire des confitures et les vendre à la fête du village pour subvenir à leurs besoins. Un matin, on confie donc à ma sizaine six cerisiers... Chaque jeannette a un escabeau, un panier, et plein d'idées de chansons à entonner pour se donner du cœur à l'ouvrage.

C'est amusant de cueillir les cerises ! Elles sont belles, pas du tout abîmées ni mangées par les oiseaux. Rapidement, toutes les jeannettes se font des boucles d'oreille et les paniers se remplissent. Comme chante ma grand-mère (la vôtre aussi ?) : « J'aimerai toujours le temps des cerises ! » Nous sommes là depuis une demi-heure quand le voisin passe. Hier, il nous a apporté deux beaux pains qu'il a cuits lui-même. Il nous apostrophe :

C'est amusant de cueillir les cerises !

– Bonjour les filles, pourriez-vous m'aider cinq minutes ?

Agathe lui répond en bafouillant :

– Heu... On doit ramasser les cerises...

Mais j'interviens aussitôt :

– Oui oui, bien sûr, Monsieur !

Et comme – c'est vrai, je ne vous l'ai pas encore dit – je suis sizainière, toutes les jeannettes me suivent.

Ce qu'il nous demande n'est pas long : il s'agit de couper des bouquets d'hortensias pour qu'il les porte à l'église. Avec deux sécateurs et toute notre vaillance, nous coupons en moins d'une heure de magnifiques bouquets que nous rangeons à l'arrière de sa voiture. Puis, nous revenons à nos cerisiers... J'explique aux unes et aux autres qu'il serait malin que les plus grandes aident les plus jeunes en courbant les plus hautes branches vers le bas pour qu'elles puissent cueillir les cerises plus facilement. Et nous avançons bien !

Agathe chante à tue-tête : « T'en fais pas, la vie est beeeelle, comme un vol d'hirondeeeelle... » Tout le monde rit tandis qu'elle multiplie les acrobaties.

J'ai le pied sur un barreau, le panier au bras, et je suis sur le point de cueillir une belle paire de cerises quand une cheftaine passe devant nous avec deux gros bidons et des baguettes fraîches coincées sous les bras.

Hop ! Je saute de mon escabeau et insiste pour l'aider.

Mes amies me lancent : « Il faut s'occuper des cerises ! On a promis ! »

Finalement, ce n'est pas si long que ça. Mais au moment où je m'apprête enfin à remonter sur mon escabeau, une petite fille perd le contrôle de son vélo en passant près de moi ! Elle se relève avec les genoux tout égratignés. Elle pleure à chaudes larmes ! La pauvre !

Je cours chercher de l'aide auprès des cheftaines.

Agathe me crie :

– Mais, Suzanne, tu ne fais rien !!!

Je suis estomaquée qu'une jeannette me dise ça ! Comment laisser un voisin, une cheftaine ou une petite fille sans aide ?

– Les sœurs comptent sur nous, tu n'as rien ramassé !

Une fois la fillette entre les bonnes mains des cheftaines, je retourne enfin à mes cerises. Quand on nous dit d'arrêter la cueillette, j'ai rempli un demi-panier à peine... et je compte pas mal de taches rouges autour de la bouche.

Après le déjeuner, nous nous retrouvons autour d'une grande table avec les sœurs pour ôter les noyaux. Une sœur verse le sucre dans d'immenses casseroles et ajoute les fruits dénoyautés pour la cuisson. Elle mélange la confiture avec une très grande cuillère et une odeur appétissante vient vite chatouiller nos narines !

Ce jour-là, nous fabriquons quarante-huit pots de confiture. Nous sommes fières !

– Merci, les filles, dit sœur Judith, vous nous avez vraiment beaucoup aidées. Mais si demain nous arrivions à faire soixante pots ce serait vraiment bien.

Le lendemain, nous passons deux heures à cueillir des cerises mais cette fois-ci, nous ne les dénoyauterons pas car un grand jeu est prévu pour l'après-midi.

Je me dis qu'il faut que je réussisse à cueillir un panier entier de cerises s'il faut faire soixante pots de confiture... Sœur Judith compte sur nous ! Agathe m'avertit :

– On n'a pas intérêt à traîner ni à vouloir aider tout le monde même quand on ne nous demande rien !

À peine avons-nous commencé la cueillette qu'un petit mouton tout mignon, tout frêle et tout perdu vient bêler auprès de mon escabeau. J'ai bien envie de descendre l'aider... Mais je respire un grand coup. Il vaut mieux ramasser mes cerises. Difficile de faire deux missions en même temps... Sœur Judith compte sur moi !

Je me contente d'envoyer un sourire au « pauvre agneau », stoïquement.

Et je fais bien car, quelques minutes plus tard, l'éleveuse est là ! En prime, elle nous aide à ramasser quelques cerises avant de ramener son mouton !

Tout à coup le ciel se couvre et une pluie fine se met à tomber. Vite, les jeannettes courent se réfugier dans la grange. Les cheftaines apportent une guitare et toutes se mettent en rond pour chanter. « T'en fais pas, la vie est beeeeeelle. » Puis : « C'était un soir, à la bataille de Reichshoffen... » La pluie redouble ! On entend leur chant à des lieues à la ronde !

Mais une des cheftaines remarque soudain :

– Il manque Suzanne !

Elle se met aussitôt à me chercher. Mais je ne suis pas dans la grange, pas dans la tente de l'intendance, pas dans la tente de notre sizaine. Ma cheftaine est inquiète... De mon cerisier, trempée et ruisselante, je crie :

– Je suis là !

Quand la cheftaine me retrouve, j'ai rempli un panier entier... Mes cerises sont bien humides, mais toujours aussi belles... Je m'explique, un peu penaude et rouge comme une cerise – si je peux me permettre :

– J'ai traîné hier en me dispersant. Donc j'en ramasse plus aujourd'hui.

Ma cheftaine était prête à me gronder, et voilà qu'elle me sourit... D'ailleurs, la pluie cesse... La cheftaine lance alors un grand cri :

– Toutes aux cerisiers sans traîner : on remplit tous les paniers !

En une demi-heure, nous remplissons à ras bord les paniers. Les sœurs vont être contentes.

Dans l'après-midi, après le grand jeu, sœur Judith vient nous voir.

– Grâce à vous, nous avons pu faire cuire la confiture et nous avons rempli soixante-sept pots ! Bravo !

Puis elle nous tend trois pots de confiture :

– Et voici pour les cueilleuses !

Les cheftaines décident de les utiliser tout de suite pour notre goûter. Nous nous RÉGALONS : c'est la meilleure confiture que nous ayons jamais mangée. Nous sommes fières de notre travail. On n'entend que « Mmh, c'est bon ! », « Mmmh, quel délice ! » et même un « J'aimerai toujours le temps des cerises ».

Moi, je n'ai qu'un mot à dire : « Atchoum ! »

★ Histoire 6 ★

L'AVENTURE DE LA PATATE

Par Louis

Ce jour-là, nous partons en explo : nous quittons le lieu de camp pour explorer le monde, tels Christophe Colomb, Vasco de Gama ou Dora. Erwan et moi, c'est ça qu'on aime vraiment aux louveteaux : l'esprit d'aventure, le goût des exploits, jouer aux héros ! On défriche la jungle, on aborde des terres inconnues, on se retrouve nez à nez avec des sauvages, on est prêts à affronter tous les dangers (accompagnés de Chil, notre cheftaine).

Chaque sizaine a un objectif : se rendre dans le village (notre jungle, notre terre inconnue) qui s'appelle Les Sauvages ! Cela ne s'invente pas. (Si vous vous demandez où cela peut se trouver, cherchez dans le Rhône.) Pour seule arme dans cette explo : une patate ! Il nous faudra frapper aux portes des autochtones (c'est-à-dire des villageois) et échanger le glorieux légume contre n'importe quel objet, puis le n'importe-quel-objet contre n'importe-quel-autre-

★

Pour seule arme dans cette explo : une patate !

objet. Cette mission, bien sûr, ne sera pas sans danger mais nous, les Roux – ma sizaine –, avons relevé le défi, la patate au fusil. Ou alors la fleur au fusil et avec la grosse *patate,* comme d'habitude.

La sizaine gagnante sera celle qui rapportera l'objet le plus incroyable, le plus étonnant, le plus stupéfiant. La sizaine des Roux sera la gagnante, évidemment… Nous hurlons :

– On va gagner ! C'est nous les meilleurs !

Nous partons en direction du village dont nous voyons fumer les cheminées et en quelle saison, comme disent le poète et la chanson. Et, comme il est toujours le premier à chanter, Edgar entonne :

– Un kilomètre à pied, ça use, ça use… Un kilomètre à pied, ça use les souliers !

Et c'est comme ça, joyeux et prêts à faire de notre mieux-mieux-mieux, que nous arrivons à la première maison où tout se passe à merveille. Étienne – c'est notre sizainier et il connaît plein de choses – nous conseille d'être super-polis pour être bien accueillis. Dire « Bonjour Madame » et être souriants. Mon frère aîné, il répète tout le temps que tout ça c'est des conventions, mais ma mère, elle pense que c'est respecter les gens. C'est comme ça chez vous aussi ?

Bon, chez nous, c'est peut-être pas comme chez vous, parce que ma mère en avait marre de répéter tout le temps la même chose pour qu'on devienne polis, alors elle ne dit plus que des numéros. Numéro 1 c'est « Tiens bien ta fourchette », numéro 2 « Lève ton coude », et ça continue comme ça jusqu'au numéro 152. Bref, nous sommes super courtois et la dame ne voit même pas que Gaston a mis son doigt dans son nez.

En échange de la patate, cette dame, qui s'appelle Marguerite, nous donne une belle mosaïque fleurie qu'elle a faite elle-même. Du moins, moi, je la trouve belle. « C'est ça, l'aventure ? » dit Erwan en repartant, un peu dépité.

À la deuxième maison, nous frappons, et le monsieur qui nous ouvre a l'air pas du tout mais alors, pas du tout content. (Pourtant, nous déclamons tous en chœur : « Bonjour, Monsieur » avec un grand sourire – le fameux « sourire louveteau », multrabrite et bon esprit – et Gaston ne met même pas le doigt dans son nez.)

– Allez-vous-en, crie-t-il, je ne donnerai jamais rien aux scouts ! Déguerpissez ! Je ne veux plus vous voir !

Nous filons sans demander notre reste mais nous en avons gros sur la *patate*. Façon de parler, parce que la patate, vous l'avez compris, est restée chez la première dame. Emmanuel a même une idée :

– Et si on arrêtait d'échanger… Elle est vraiment belle, cette mosaïque ! Ça suffit peut-être pour gagner !

Personne n'a envie de se voir claquer la porte au nez. Mais bon, un chevalier ne s'abandonne pas aux hésitations que provoque la peur. Et il repart en chantant – surtout Edgar : « Un kilomètre à pied… » Quelle aventure, mes amis…

Juste en face dans la rue, le maraîcher qui nous ouvre la porte de sa boutique a l'air très content de nous voir, lui. Il nous échange notre mosaïque contre une écharpe de supporter de foot de la Suède qu'il décroche de derrière sa caisse, et puis sa femme, qui s'appelle Aïcha, arrive et nous propose non pas des légumes (OUF !!!) mais un goûter avec des cookies ! Nous commençons à discuter et c'est ainsi qu'elle nous raconte que le monsieur d'en face vit seul depuis la mort de sa femme, qu'il ne sort jamais, qu'il n'a même pas de voiture, et que jamais personne ne vient le voir. Un vrai *sauvage*, quoi !

Nous demandons à remplir nos gourdes et repartons, un bon goût de chocolat dans la bouche. Grisés par notre bonne fortune, nous décidons des découvrir d'autres terres en changeant de quartier. (« Quelle aventure ! », répète Erwan avec un air réjoui.)

Devant un petit immeuble de trois étages, nous sonnons à deux interphones. Un seul répond : « Oui ? » La dame descend voir de ses propres yeux qui nous sommes. Elle est institutrice, nous dit-elle. Nous voir ne lui fait pas peur !

Nous pouvons échanger l'écharpe (« Ça plaira à mon mari ! ») contre des crayons et des taille-crayons. Puis nous échangeons au gré de nos pérégrinations, les crayons et taille-crayons contre un doudou, et le doudou contre un DVD de Zorro ! Et Margot, la grand-mère qui nous donne ce DVD est une femme incroyable ! Elle court au galop de maison en maison pour porter de la soupe aux malades, discuter avec les personnes âgées, garder le bébé d'une femme seule. Un Zorro des temps modernes, quoi ! Nous partons en disant :

– Merci pour le DVD et au revoir Margot !

Sauf Gaston qui dit :

– Au revoir, Zmargot ! (Avec un Z comme Zorro, voyez-vous.)

Juste après, nous rencontrons monsieur Duval. (C'est, du moins, ce qu'indique sa boîte aux lettres.) Il nous annonce que ça lui fait vraiment plaisir de nous donner un vélo en échange du DVD de Zorro. (Oui, vous avez bien lu, un VÉLO ! Ça arrive pour de vrai, des gens qui ne veulent plus de leur vélo !) Nous sommes vraiment super contents. La victoire est à nous ! Et, comme dirait Erwan, quelle aventure !!!

Sur la route, avec notre vélo, nous commençons à discuter. Emmanuel trouve qu'un vélo, c'est vraiment génial. Gaston, que ça vaut le coup d'être gentil avec les gens. Et Étienne, lui, a une idée en tête depuis le moment où monsieur Duval nous a donné son vélo... Rapidement, il nous l'expose et nous sommes tous d'accord.

Confiants grâce au sourire louveteau, nous sonnons. À peine la porte ouverte, Étienne se lance :

– Bonjour, Monsieur, ne fermez pas la porte ! Nous voulons vous proposer quelque chose.

Vous l'avez compris, nous sommes à nouveau chez le monsieur désagréable du début ! Et là, nous lui expliquons un peu tous en même temps mais quand même poliment, je vous assure, que nous voulons lui donner notre vélo. Parce que nous l'invitons à la veillée de la fin du camp et, comme ça, il pourra venir facilement.

Lui, il est drôlement étonné. Ce n'est pas tous les jours qu'on vous offre un cadeau, et encore moins un vélo ! Quelle aventure !

Il nous fait entrer chez lui. Il dit qu'il est désolé de son attitude, que la solitude a fait de lui un véritable ours – ça, on avait remarqué –, qu'il n'a rien à nous offrir à manger mais que ça lui fait plaisir de discuter cinq minutes avec nous autour d'une grenadine.

Il nous parle de son métier : il travaille seul de chez lui pour une start-up, une société qui fait de l'informatique. Sur la table, nous voyons la photo de sa femme et, je ne vous fais pas de commentaire, mais nous avons le cœur serré.

En rentrant sur le lieu du camp, nous avons les souliers un peu plus usés qu'en partant et tout le monde a l'air bien étonné en nous voyant les mains vides, sans patate – ça, ce n'est pas étonnant – mais surtout sans RIEN DU TOUT.

Les Blancs ont échangé la patate contre un scoubidou, un paquet de gâteaux, un grille-pain, un livre d'un monsieur qui s'appelait Ralzac ou un truc comme ça, et finalement ils rapportent un cerf-volant !

Les Bruns ont récolté successivement un bol, un paquet de sucre entamé, une tour Eiffel en plastique, un magazine

★

… et surtout notre nouvel ami, monsieur Véritable-Ours.

de filles (mais qui peut lire ça ?) et enfin un chapeau de pirate !

Les Gris, eux, ont reçu une gomme, une petite voiture, un biberon, un seau, une paire de lunettes de soleil, un livre de cuisine et pour finir un frisbee.

Ils ont dû bien s'amuser, eux aussi !

Ce sont les Bruns qui remportent la mission avec leur chapeau parce que bon, pendant que chacun racontait ses aventures, Akéla avait reçu le frisbee sur le nez et le cerf-volant était coincé depuis bien longtemps dans le grand chêne au milieu de la prairie.

Mais, à la veillée, tout le monde peut enfin admirer le fameux vélo que nous avions gagné en échange de la patate et surtout notre nouvel ami, monsieur Véritable-Ours. Il apporte des cookies (peut-être a-t-il parlé à la femme du maraîcher !) et un beau sourire... on pourrait dire, un sourire louveteau.

★ Histoire 7 ★

AU CŒUR DE LA NATURE SAUVAGE

Par Léonie

Ce n'est pas facile, quand même, de voir passer une araignée sans l'écraser quand on prend sa douche en camp. Ceci dit, c'est vrai qu'elles n'attaquent jamais, les pauvres, et il est donc injuste de parler de légitime défense lorsqu'on en écrase une. J'espère tout de même à chaque douche qu'il n'y en aura pas.

Ce matin, le soleil est au rendez-vous. Et même la petite araignée jaune qui me passe devant le nez ne vient pas entamer ma belle humeur. Notre deuxième jour de camp en montagne s'annonce fort joyeux. Les cheftaines ont une surprise : elles ont acheté des loupes pour observer les insectes ! Nous allons donc, ce matin, partir à la chasse aux insectes, sans leur faire mal bien sûr !

Nous devenons des entomologistes en herbe. Moi, ce que j'aime aux scouts, c'est que nous sommes amis des bêtes, de la nature. Comme l'explique la cheftaine, nous devons la respecter et l'admirer, car elle est l'œuvre de Dieu.

En ce mois de juillet, la prairie ne manque pas d'insectes. (Je vous rappelle que les araignées ne sont pas des insectes, car les insectes sont tous dotés de six pattes et parfois d'ailes. Les araignées, elles, ont huit pattes et sont des arthropodes invertébrés de la classe des arachnides. Ouf, elles ne font donc pas partie de la mission.)

Les cheftaines remettent à chaque sizainière – Sophia chez nous – une petite boîte transparente dont le couvercle est percé de petits trous. Elles remettent aussi à chaque sizaine un filet à papillons – là, c'est Blanche qui en hérite.

Notre recherche s'accompagne d'un jeu bien sûr : chaque sizaine doit venir déposer aux pieds des cheftaines deux insectes rouges et deux jaunes. Pour que les petites bêtes ne se bagarrent pas trop dans notre boîte, il faudra les rapporter en deux fois.

Au top départ, Sophia nous indique la barrière qui délimite le campement.

– Allons par là-bas !

Nous courons toutes les six vers notre premier lieu de recherches. Les sauterelles sautent sur notre passage. Eugénie veut en ramasser une. Mais Lucie l'arrête :

– Non ! Elle n'est pas jaune ! Ni rouge ! Ne perdons pas de temps !

Nous nous éparpillons toutes les six près de la barrière.

Juliette cueille un coquelicot… Elle contemple ses feuilles si souples et tremblantes, et elle part dans ses rêveries. Lucie la ramène à la réalité :

– Oui, c'est rouge ! Mais ce n'est pas un insecte !

De son côté, Eugénie égrène un épi de blé presque mûr… et chante à tue-tête. Lucie crie :

– Oui, c'est jaune ! Mais ce n'est pas un insecte !

Finalement, Sophia prend les choses en main :

– Bon, on va ratisser sur $4\ m^2$: on va finir par les trouver, nos bébêtes !

Sur un petit tas de pierres, Blanche trouve des gendarmes (des pyrrhocores, de leur nom savant). Ils sont bien rouges ! Qui va attraper l'un d'eux ? Personne n'en a envie… mais il le faut. Lucie approche une herbe rigide d'un des gendarmes. Nous retenons notre souffle. Le gendarme grimpe sur l'herbe. Alors, doucement, Lucie le transfère dans le bocal que Sophia secoue sous nos cris effarés.

Nous nous éparpillons...

– On ne doit pas abîmer les proies !!!

– Qu'est-ce que vous êtes sérieuses, souffle-t-elle.

On regarde toutes dans le bocal. Six pattes : c'est bien un insecte. Carapace rouge, deux points noirs… Deux antennes… C'est beau !

Sophia nous sort de notre émerveillement pour continuer le jeu. Il faut chercher notre deuxième insecte rouge. Sophia désigne le sous-bois et toute la sizaine repart en imitant les gendarmes, les vrais…

– Par ici, les bébêtes des sous-bois ! Nous vous intimons l'ordre de venir dans notre boîte, gaaarde-à-vous !

Nous nous penchons vers le sol. Des insectes obéissent à nos injonctions : ils viennent vers nous, disciplinés, à la queue leu leu. Des fourmis !

De quelle couleur ?

Rouges !

Nous devrions donc être ravies mais les fourmis rouges, ça pique ! Cela fait très mal, même ! Personne n'a envic de se risquer à les attraper, pas mêmc Lucie.

Nous décidons de chercher autre chose… Nous retournons vers la prairie et Blanche se met à courir en brandissant son filet. Nous courons derrière elle à en perdre le souffle : le beau papillon rouge qu'elle a vu semble se jouer de nous.

Nous la suivons toutes en grappe, tel un essaim d'abeilles (jaunes), tel un troupeau de canetons (jaunes), avec des joues de plus en plus colorées (rouges).

Le bougre ! Il passe au-dessus de la barrière ! Ni une ni deux, la sizainière l'ouvre et, après une course effrénée, Blanche peut enfin attraper le papillon dans son filet.

Malheureusement, pendant la course, la boîte est tombée, s'est ouverte, et le gendarme s'est bien sûr échappé de sa prison… Nous sommes toutes penaudes. Nous décidons d'aller remettre à la cheftaine ce beau papillon puis de repartir trouver un autre gendarme. (Nous allons bien retrouver le coin à gendarmes de tout à l'heure, non ?)

Au centre du camp, auprès des cheftaines, plusieurs bébêtes rouges sont rangées dans une belle boîte à compartiments. Nous sommes charmées… Mais pour l'heure, il faut chercher notre nouveau gendarme puis nos deux bêtes jaunes.

Nous retrouvons sans peine la pierre à gendarmes. Juste à côté, une espèce de scarabée jaune et noir se promène.

Quelle chance : deux d'un coup ! Lorsque nous rapportons nos deux spécimens, nous avons beaucoup de succès ! En cherchant dans le livre de la cheftaine, nous découvrons que le scarabée est un cryptocéphale rayé. Quel nom chic !

Deux sizaines ont déjà rapporté leurs deux insectes rouges et leurs deux insectes jaunes, et elles sont en train d'observer avec la loupe leurs trouvailles. À ce moment-là surgit juste derrière les chefs… un énorme museau ! Une vache nous regarde avec ses grands yeux et semble très intéressée par le contenu de nos petites boîtes ! Oups, nous avons laissé la barrière ouverte lors de notre exploration !

En une minute, nous nous sommes toutes mises à l'abri en poussant de hauts cris. Une cheftaine intervient :

– Doucement, doucement !

Une deuxième cheftaine saisit un bâton et guide la vache vers la barrière…

Nous regardons les cheftaines faire, impressionnées par leur sang-froid. Et soudain, Lucie exulte :

– VOILÀ ! Nous l'avons, notre deuxième bébête JAUNE !!!

Enfin, presque jaune ! C'est une vache blonde… Et presque insecte ! Il lui manque juste deux pattes !

Une fois la vache tarentaise ramenée dans son pré, nous nous faisons gronder. Je proteste énergiquement : est-ce vraiment mérité ? D'accord, elle est arrivée là parce que nous n'avons pas refermé la barrière, mais cela arrive que des vaches sautent par-dessus les barrières. En plus, elle avait l'air d'être passionnée par les insectes ! Bon, il est temps de trouver notre dernier insecte jaune : nous avons pris beaucoup de retard.

Mais déjà, Sophia nous appelle :

– J'ai une coccinelle ! Venez !

Je réponds :

– On a déjà trouvé nos deux insectes rouges !

Mais elle insiste :

– Venez, je vous dis : regardez...

Et là, nous découvrons une jolie coccinelle jaune...

Youpi ! Certes, notre sizaine est la dernière à présenter ses quatre insectes. Mais personne d'autre n'avait rapporté de vache ! Le jeu se poursuit pendant le temps calme : chacun reçoit un papier cartonné et des crayons rouges, jaunes et noirs pour dessiner tous les insectes récoltés.

À la prière, ce soir, chacun remerciera le Seigneur pour sa création en citant un animal observé aujourd'hui...

Après le goûter, nous nous retrouvons devant la mairie pour le troisième temps de ce grand jeu nature. Nous avons une mission. Rapporter un sac entier de détritus laissés par les randonneurs.

– Ah noooon ! On ne va pas ramasser des trucs dégoûtants !

– C'est nul, ce jeu !

– Ce n'est pas « nature », les poubelles !

Chacune râle à qui mieux mieux. Mais Sophia veut vraiment gagner. Et comme nous avons pris pas mal de retard ce matin… Elle attrape le sac et nous montre un talus d'un geste énergique. Nous en trouvons, des ordures ! Et mètre carré après mètre carré, notre sac se remplit à vitesse grand V. Nous allons gagner !

Mais notre plus belle récompense, c'est le maire qui nous l'offre en venant nous féliciter en personne :

– Vous nous aidez à préserver notre belle montagne, merci, les jeannettes !

Le lendemain matin, après cette belle journée, je me lève tôt pour faire le service du petit déjeuner. Et que vois-je ? À la lisière de la forêt et du pré, une marmotte passe,

★

Une marmotte passe…

discrète, marchant comme sur la pointe des pieds. Je suis subjuguée ! Oui, chacun, plante, animal ou humain, a sa place en camp et sur la terre.

★ Histoire 8 ★

LE CONCOURS CUISINE

Par Jules

Moi, ce que j'aime dans les camps, c'est le concours cuisine, le « concu » pour les habitués. Comme j'ai six frères et sœurs, je suis un pro. Vous ne voyez pas le rapport avec la *choucroute ?* Comme on est une famille un peu nombreuse – il y a plus d'enfants dans la maison que dans la tente de la sizaine –, on a une grande table, et pour les neuf assiettes, il faut apporter un grand plat assez rempli...

Aussi, à la maison, pour avoir le droit d'y rester, il faut savoir se débrouiller en cuisine. Sans me vanter, je sais : chercher des recettes sur marmite.com., éplucher les pommes de terre, faire revenir les oignons et les courgettes, couper les filets de poulet en fines lamelles, ouvrir la brique de lait de coco, faire moi-même une pâte à pain pour les pizzas de papa, et plein d'autres choses.

Mais je m'égare : revenons au concours cuisine du camp ! Tous les ans, depuis que je suis louveteau, c'est ma sizaine qui l'emporte ! Et j'espère bien que ça va durer...

Pour ce fameux concours, les cheftaines ont demandé à chaque sizaine de penser à son menu et d'écrire une liste d'ingrédients qu'elles iront acheter pour nous.

À nous de jouer donc !

Première étape : se mettre d'accord sur un menu à réaliser pour le concours. Sans marmite.com.

Deuxième étape : faire une liste des ingrédients à donner aux cheftaines.

Troisième étape : cuisiner !

Au début, les choses paraissent toujours simples. Et puis, ça se complique, et enfin, on y arrive.

Assez rapidement nous dressons notre liste d'ingrédients :

12 œufs à battre en omelette.

Des champignons.

Deux oignons.

Du pain à faire griller et à poser dans l'omelette comme chez Mamie.

Des pommes pour faire une compote.

Des spéculoos (ces petits gâteaux à la cannelle que Papa adore) pour manger avec la compote.

Les cheftaines reviennent des courses et remettent à chaque sizaine ses ingrédients. Malheureusement, elles ont oublié… les pommes. Anatole commence à râler. La cheftaine a l'air si navré qu'on lui pardonne…

Mais des spéculoos pour un dessert de concu, ça va être un peu léger, non ?

Finalement notre super cheftaine m'autorise à aller à la ferme, avec Anatole, demander à madame Mathieu si elle n'a pas quelques pommes en réserve.

Madame Mathieu nous accueille avec un grand sourire. Elle nous propose de cuisiner plutôt des pêches (c'est la saison) que les pommes engrangées depuis l'automne…

Mais, avec Anatole, nous ne voulons rien changer au menu.

– Nous-aimerions-vraiment-s'il vous-plaît-huit-pommes. »

Alors madame Mathieu nous les donne, les pommes.

Au détour de la cour de la ferme, à l'opposé de la direction de notre campement, nous apercevons alors... des FILLES !!! Des louvettes campent là !

Nous nous approchons, nous promettant de vite rentrer pour aider les autres ensuite.

– Bonjour, vous faites quoi aujourd'hui ? dis-je.

Une louvette s'avance vers nous, suivie de cinq autres filles.

– C'est le « concu » !

– Nous aussi !

– Nous, on a tout... Sauf des pommes malheureusement, ajoute-t-elle déçue. On a oublié et on n'a plus le temps. Il faut absolument qu'on rentre : certaines sizaines sont déjà en train de préparer leurs plats !

Avec les garçons, nous nous regardons... Même si ce sont des filles, on peut partager !

Nous leur donnons la moitié de nos pommes, elles sont vraiment ravies. Comment peut-on être content de manger des pommes fripées (nous, ça va, elles seront en compote) ?

Une des filles nous tend un tupperware de fromage blanc frais. Elle nous dit en chuchotant :

– Madame Mathieu nous l'a donné. En fait, on n'en veut pas ! On n'a pas prévu ça dans notre menu.

Nous non plus, ça n'est pas dans notre menu mais nous acceptons, un cadeau cela ne se refuse pas ! (Nous avons un peu peur que ça tourne avec la chaleur mais il y a aussi un sac isotherme).

Nous les invitons à notre veillée « portes ouvertes ». (« Portes ouvertes » si l'on peut dire, car en camp il n'y a pas de portes, mais c'est la veillée où nous accueillons des gens des alentours pour chanter autour du feu.)

Bientôt, la cheftaine des louvettes surgit et leur dit de se dépêcher. Nous non plus, il ne faut pas que l'on traîne !

Juste avant d'arriver sur notre territoire, nous découvrons un arbuste couvert de mûres. Et, non loin de là, de la menthe fraîche à profusion. Nous ramassons tout ce que nous pouvons et nous nous hâtons de retourner au camp.

Les autres ont réussi à allumer le feu. Bon, il faut reconnaître qu'il y a beaucoup plus de fumée que de flammes mais ça devrait suffire pour faire cuire nos mets délicieux.

Anatole coupe les pommes et les fait cuire. Il agite le couvercle devant la braise pour attiser le feu... Des petits morceaux de cendre volent sur les quartiers de pommes.

Anatole coupe les pommes et les fait cuire.

Mais ça ne devient pas une compote... mais pourquoi donc ? Le mystère reste entier...

Pendant ce temps, Lucas casse les douze œufs dans une bassine et les remue (dans la bassine qui sert pour la vaisselle mais on l'a bien lavée avant avec beaucoup de savon... D'ailleurs il y a des bulles dans les œufs battus... coïncidence ?)

Robin coupe les deux oignons en lamelles (on dirait des vers blancs !) et les met dans les œufs battus, puis il ajoute six champignons, qui flottent.

Martin laisse tomber plein de poivre dans le mélange.

Victor le fait cuire.

Moi, je remue sur le feu, environ six fois.

Ensuite, nous portons triomphalement devant les cheftaines notre « omelette aux champignons et ses petits oignons avec ses croûtons grillés, légèrement poivrés ».

Les cheftaines goûtent et s'interrogent :

– Mais où sont les croûtons ?

– Oups, on a oublié... Mais à la place, on a un peu fait griller l'omelette.

– Et qu'est che que ce machin-là, dit la cheftaine, la bouche pleine...

★

Nous portons triomphalement devant les cheftaines notre « omelette aux champignons et ses petits oignons avec ses croûtons, légèrement poivrés ».

– Des champignons ! dit fièrement Robin.

– Pas coupés, pas frits auparavant ? Ah bon...

Lucas me dit alors en secret, émerveillé :

– Je vais la refaire cette super recette, maman va adorer !

La cheftaine remue sa fourchette dans la gamelle, et elle demande :

– Et ces petits trucs blancs... ce sont ?

– Des oignons !

– Pas cuits avant non plus ?

Je ne vais pas vous mentir : les chefs n'ont pas l'air de trouver notre repas exquis...

Nous annonçons ensuite le dessert :

– Compote pommes-spéculoos « maison » !

Les cheftaines ont l'air rassuré. Mais devant notre compote non compotée, elles nous expliquent que nous aurions mieux fait d'enlever la peau et les pépins avant la cuisson. Et de mettre le couvercle sur la casserole, pour éviter que la cendre n'attaque nos pommes.

Heureusement, nous avons pour elles une surprise : le deuxième dessert !!! Le fameux fromage blanc frais des louvettes, dans lequel nous avons ajouté les mûres et un brin de menthe fraîche, rincée, je tiens à le préciser. Les cheftaines semblent enfin apprécier à leur légitime valeur nos talents de cuistots. Nous réussissons à avoir ce jour-là la mention « meilleur dessert ».

En faisant la vaisselle, nous lavons bien le tupperware des louvettes. C'est grâce à elles que nous avons eu cette mention. Enfin, c'est grâce aussi à madame Mathieu qui le leur avait donné avant qu'elles ne nous l'offrent.

De toute façon, tout ce qu'on a dans la vie a été reçu d'une manière ou d'une autre... Et, si je peux philosopher, je dirais aussi que certains savent donner, et j'ai l'impression que ça rend heureux. En tout cas, madame Mathieu, elle sourit tout le temps.

Le soir de notre veillée « portes ouvertes » sans porte, les louvettes nous annoncent triomphalement qu'elles ont gagné leur concours grâce à *nos* pommes. Enfin, les pommes offertes par madame Mathieu. Mais au fait, qui lui avait donné les pommiers ?

★ Histoire 9 ★

LA RUMEUR

Par Léonie

Cette année, j'arrive au camp avec une attelle au doigt : pas très pratique, me direz-vous ! Heureusement, je pourrai l'enlever dans trois jours.

Mais là, c'est le premier jour, jour des installations (où nous devons construire nous-même nos tables, coin-toilette, etc.) et je suis un peu handicapée : je ne peux pas faire grand-chose avec mon doigt immobilisé. Je regarde les autres s'activer. Certes, j'aide un peu à porter des bûches, mais comme je ne peux pas tenir pas le maillet, ni remuer la boue pour la table à feu, je me sens très vite inutile. Et, pendant tout ce temps, je sens que Blanche me regarde bizarrement. Je suis un peu mal à l'aise.

Elle m'interroge :

– Tu l'as depuis quand, ton attelle ?

– Une semaine.

– Tu t'es fait ça comment ?

– À la gym.

Et c'est ainsi que naît la rumeur sur moi qui va par la suite enfler. (La rumeur, c'est comme ça : elle enfle, elle enfle...)

Blanche profite de mon absence pour chuchoter aux filles de notre sizaine :

– Léonie dit n'importe quoi, elle ne fait pas de gym ! Elle a une attelle fictive pour ne rien faire en camp ! Léonie invente des histoires farfelues, c'est une conteuse hors pair, il ne faut jamais la croire. C'est une mytho, une baratineuse. D'ailleurs, elle a de qui tenir, il paraît que sa grand-mère bretonne est une sorcière. Et Léonie patati et Léonie patata.

Eugénie est bien embêtée : elle ne veut pas que l'on accuse quelqu'un de sa sizaine sans preuve et elle a pour principe de ne pas dire du mal de toute façon. Mais elle croit bien m'avoir vu faire de la danse en février... ! Aussi garde-t-elle le silence.

De plus, c'est vrai, Léonie a une grand-mère bretonne, se dit Eugénie en son for intérieur, et pourquoi ne serait-elle pas un peu sorcière, cette grand-mère-là ?

Et Léonie patati et Léonie patata.

Une jeannette d'une autre sizaine qui passe par là est aussitôt mise au courant par mes amies et répète tout à sa sizaine. « Et Léonie patati et Léonie patata. »

Maria ajoute d'ailleurs sa touche personnelle à l'histoire :

– C'est sûr, c'est louche, d'ailleurs son père est médecin ! Il a dû lui fournir l'attelle !

Quand Eugénie a connaissance de cette nouvelle information qui court sur moi, elle prend la parole :

– On ne peut accuser comme ça sans preuve Léonie de mentir ! On ne sait pas ce qui est vrai ou faux. On ferait mieux de l'aider quand on est de service pour qu'elle ne se fasse pas davantage mal au doigt.

– Pffff, persifle Blanche, elle n'a pas mal... Je l'entends même chantonner parfois.

Le deuxième jour du camp, je me lève toute joyeuse. Car je ne sais pas encore qu'on médit de moi. Mais, peu à peu, je sens des regards pesants. Je me sens mal à l'aise, et j'ai comme une boule dans la gorge.

Les filles sont énervées, elles parlent toutes dans tous les sens.

Cette nuit, trois tentes ont été réveillées en sursaut par quelqu'un qui frappait sur la toile. Et là, j'entends Anaïs murmurer à Jeanne :

– À tous les coups, c'est Léonie qui nous a fait peur. C'est un truc de sorcière, d'aimer créer la frousse la nuit. Et Léonie patati et Léonie patata.

Je n'en crois pas mes oreilles : je fais des trucs de sorcière ? Quelle idée ! Me lever en pleine nuit ? N'importe quoi !

Voilà pourquoi tout le monde me regarde bizarrement.

Quand je vois Nina chuchoter des choses à l'oreille d'Eugénie, je la prends à partie :

– Que dis-tu, Nina ? Tu parles de moi ?

Nina a le courage de me répondre :

– Je m'étonne seulement que tu n'aies pas ton attelle. Toute cette histoire, c'est du bluff ! Tu veux te rendre intéressante mais tu n'as rien du tout au doigt, tout le monde peut le voir !

Je bredouille :

– La nuit, je l'enlève sinon mon doigt devient bleu. J'ai oublié de la remettre.

Je suis toute rouge. Je suis sur la défensive, je danse d'un pied sur l'autre et je vois bien sur les visages triomphants ou étonnés que mon explication ne convainc personne.

Quelle barbe d'avoir eu cette attelle avant le camp… Pourquoi donc suis-je allée à ce satané cours de gym d'ailleurs. Je me mets à détester la gym et me promets d'arrêter à jamais.

Et Eugénie qui ne dit rien pour ma défense…

Au petit déjeuner, les cheftaines sont très sérieuses :

– Qui a réveillé tout le monde cette nuit ? Qui a fait cette mauvaise blague ?

Toutes les jeannettes tournent d'un seul coup la tête vers moi.

Je vis un cauchemar.

– Léonie ? me dit ma cheftaine.

– Ben non… Je ne me suis pas levée et je n'ai rien entendu.

Blanche siffle :

– C'est la PREUVE, puisqu'elle est la seule à n'avoir pas entendu !

Et Léonie patati et Léonie patata.

Eugénie lui donne un coup de coude :

– Arrête à la fin, tu n'as pas de preuve.

Notre cheftaine demande que la fautive vienne se dénoncer à elle avant midi.

Personne ne vient. Le repas est tendu. Mais soudain, une jeannette s'écrie :

– Il est trooooop mignon, ce chaton ! Il sautille, il joue de la patte comme un petit singe !

Et voilà qu'un petit garçon accourt en criant :

– Bébé chat, bébé chat ! Ah ! te voilà ! Je ne t'ai pas vu ce matin, où étais-tu passé cette nuit ?

Le chaton, sur la pointe des pattes, s'échappe encore, et hop ! un coup de patte pour attraper un papillon, et hop ! un coup de patte pour jouer avec les fils d'une tente, et hop ! un coup de patte pour soulever le petit carré de tissu qui sert de rideau à une petite fenêtre.

En le regardant jouer, Blanche a alors une illumination :

– Si ça se trouve, c'est lui qui est venu ce matin donner ses coups de patte sur la tente !

Rachel remarque :

– Ah oui, d'ailleurs, devant notre tente, ce matin, il y avait des crottes. On a cru que c'était des crottes d'écureuil mais ça pourrait très bien aussi être des crottes de bébé chat !

Je suis soulagée d'être innocentée sur cette histoire de sorcière de nuit. Eugénie me sourit, rassurée.

Puis on nous distribue le courrier. Blanche s'avance vers moi et me demande :

– Qui t'a écrit cette carte postale ?

– Papa ! Il a trouvé cette carte qui montre ma prof de gym quand elle était jeune et championne de France !

– Tu fais vraiment de la gym alors ?

– Oui. Je te l'ai dit : c'est comme ça que je me suis blessée. Cette année, je suis inscrite aux Oiseaux bleus les lundis soir. J'ai fait du basket le premier trimestre, de la danse le deuxième et de la gymnastique le troisième...

– Ah... Tu fais vraiment de la gym alors... dit-elle, légèrement ennuyée. Prise de remords un peu peut-être !

Droite comme un i, je positionne mon pied en avant pour commencer une roue mais cette maudite attelle ne me permet pas de me lancer... Et je vois que Blanche doute un peu encore...

Heureusement arrive bientôt le moment des olympiades. Et une épreuve me sauve de cette mauvaise ambiance : il faut passer sur un arbre qui enjambe le petit ruisseau près de la grange.

Je suis la plus rapide et la moins peureuse : à la gym, j'adore la poutre !

Anaïs se penche vers Blanche et lui dit :

– Léonie fait vraiment de la gym ! Elle s'est vraiment blessée là-bas... Ce n'est pas une menteuse, une mytho, une sorcière : tu nous as dit n'importe quoi, c'est juste une sacrée gymnaste !

Eugénie ajoute :

– Au fait, tu sais qu'avant tout le monde te surnommait « la Rumeur Blanche ». Moi, j'avais déclaré que tu avais aussi des qualités… Et la rumeur sur toi s'était arrêtée.

Blanche est blême…

Lors du repas, elle vient vers moi. Elle me propose de porter ma gamelle et, dans un souffle, elle ajoute :

– Au fait… Pardon : j'ai dit du mal de toi.

Je veux la prendre dans mes bras mais AÏE mon doigt me fait mal. Nous nous mettons à rire, et Blanche promet d'arrêter définitivement ses médisances. Depuis, si elle parle encore à l'oreille d'une jeannette, c'est pour demander qu'on lui pardonne. Ça m'impressionne vraiment !

Deux jours plus tard, mon doigt a dégonflé et je peux remiser l'attelle dans mon sac. Blanche éclate de rire en voyant sur ma main la marque du bronzage « spécial attelle ». Cela fait du bien que la Rumeur Blanche ait cessé et que l'on découvre la véritable Blanche… Quand j'y repense, je me dis qu'une mauvaise parole cela peut vraiment mettre la pagaille, provoquer une bagarre, voire une guerre… Le « il paraît » est un tueur en série, qui fait froid dans le dos ! Brrrrr…

★ Histoire 10 ★

LA SURPRISE

Par Louis

Cet après-midi, je me sens un peu énervé. Ça m'arrive aussi parfois à la maison. Dans ces cas-là, maman dit que j'ai le tracassin parce que je titille tout le temps mes frères et sœurs. Moi, je me sens plutôt rebelle, un peu fier de ne pas suivre les règles, si vous voyez ce que je veux dire. C'est sûr que, quand on y réfléchit, ce n'est pas exactement avoir l'esprit louveteau, j'en suis bien conscient.

Les cheftaines nous ont confié une mission : concentrer nos efforts pour construire une douche. Autant dire qu'aucun louveteau ne voit l'intérêt de cette douche. Je ne veux pas insinuer que les louveteaux sont sales, on se lave quand même les dents parfois, mais de là à être motivés pour construire une douche... Mais Bagheraa, notre cheftaine, est super enthousiaste. Elle confie des missions à toutes les sizaines.

La sizaine des Bruns part à la recherche de deux morceaux de bois, un petit et un grand, pour la structure.

Mais les Bruns avancent en traînant un peu les pieds. Est-ce vraiment leur faute si, en route, les Blancs, qui eux doivent aller emprunter un arrosoir aux propriétaires, leur proposent de faire un cache-cache dans le bois ? Bref, ils s'amusent vraiment bien jusqu'au moment où deux cheftaines, qui passent par là chargées de grosses bouteilles (mais pourquoi donc d'ailleurs ?), entendent les cris de joie. Elles posent les bouteilles un peu plus loin et interpellent les deux sizaines :

– Que faites-vous ?

– Nous allons chercher du bois, répondent les Bruns.

– Nous allons chercher un arrosoir, répondent les Gris.

– Ah, c'est bien, disent les cheftaines, parce que nous sommes occupées et que nous vous faisons vraiment confiance pour la douche.

Un léger malaise flotte dans l'air et chaque sizaine repart pour sa mission.

De leur côté, les Noirs sont responsables du trou pour planter le grand piquet. (Ce sera le support principal de la douche : dessus on fixera le petit bout de bois perpendiculairement et, à ce petit bout de bois, on attachera l'arrosoir qui pourra venir se déverser sur chaque louveteau.) Matéo et Mathias vont chercher la pelle dans la malle pendant que Bagheera et les autres les attendent. Est-ce leur faute s'ils tombent sur deux bâtons qui ressemblent exactement à des épées ?

Ils s'engagent dans un combat sans merci, sautant, esquivant, assaillant, parant, avançant, paradant… jusqu'au coup de Jarnac (vous savez, le coup perfide et imprévu) qui met fin au combat : Bagheera arrivant et leur lançant un regard noir. Elle fait signe aux deux cheftaines qui portent des piles de gamelles (mais pourquoi donc d'ailleurs ?) de continuer leur chemin et elle invective Matéo et Mathias :

– Ces bâtons ne ressemblent pas du tout à des pelles. Vous savez, tout le monde vous attend là-bas !

Les mousquetaires repartent aussitôt vers la malle, pas très fiers…

Notre mission à nous, les Roux, consiste à remplir une énorme bassine d'eau qui servira de réserve pour la douche. Pour cela, il faut descendre à la rivière avec des bidons. L'aller, ça va. Mais au retour, que c'est lourd ! Est-ce notre faute s'il fait vraiment chaud ce jour-là ? Du coup, quand Emmanuel suggère que l'on fasse une petite pause, tout le monde laisse tomber les bidons et fait demi-tour vers la rivière pour se tremper les pieds, rien qu'une minute. C'est bien agréable : la rivière qui chante, les oiseaux qui gazouillent… D'ailleurs, c'est ça qu'Emmanuel et moi on aime vraiment, aux louveteaux : le lien avec la nature…

Le bruit de deux cheftaines arrivant elles aussi avec des bidons (mais pourquoi donc portent-elles, elles aussi, des bidons ?) nous sort de notre osmose avec la Création (On se sentait vraiment très bien).

– Vous savez, vous devriez vous dépêcher, tout le monde compte sur vous !

La minute a dû durer un peu parce que quand nous arrivons, légèrement titillés par notre conscience, la douche est entièrement construite ! Nous remplissons la bassine puis nous rejoignons les autres.

Une surprise nous attend : le père Nicolas est arrivé ! Le père Nicolas, ce n'est pas saint Nicolas, c'est notre aumônier. Tout le monde l'aime beaucoup et attend son arrivée au camp avec impatience parce qu'il connaît tous les résultats du Tour de France. Et, quand c'est l'année de la coupe du monde de foot, tous les résultats des matchs !!! Comme c'est l'heure du goûter, nous nous réunissons autour de lui et nous palabrons, comme dit une amie de ma mère. Maillot jaune, maillot à pois, on veut tout savoir !

Mais les cheftaines nous appellent pour nous confier une grosse corvée de bois. Il ne manquait plus que ça ! Je pars en râlant. Étienne, mon sizainier, me dit :

– Allez, plus vite on y va, plus vite ce sera fini.

Erwan entonne un chant et, à côté du foyer pour le feu, la pile de bois mort monte rapidement.

Cependant, je n'arrive pas à chanter avec les autres. Je tourne et retourne ma mauvaise humeur dans ma tête : « Pourquoi nous faire construire une douche qui n'a d'intérêt pour personne ? On n'est là qu'une semaine et on fabrique une douche ? Et puis j'en ai marre d'aller de corvée en corvée. Corvée d'eau, corvée de bois. Heureusement qu'il y a eu le goûter avec le père Nicolas… »

Je ramasse une branche un peu souple et je tape les troncs avec. Vous voyez mon état d'esprit ?

C'est alors que les cheftaines sifflent le rassemblement et nous demandent encore quelque chose : aller mettre nos tee-shirts les plus moches. Personne ne râle, même pas moi. Nous nous retrouvons et les cheftaines nous annoncent : « Nous vous avons préparé une surprise ! Tous les louveteaux sont-ils prêts pour la… bataille de peinture ? !! »

Nous crions, que dis-je ? nous hurlons de joie ! Tout s'explique ! Les bouteilles que les cheftaines transportaient

★

Une bataille épique s'engage.

étaient des bouteilles de peinture, les gamelles avaient servi pour verser la peinture, et l'eau de leurs jerricans pour la diluer dans les gamelles ! Elles avaient aussi apporté des éponges et des frites, vous savez, comme à la piscine.

Une bataille épique s'engage. Chaque sizaine a une gamelle de peinture. Rouge, bleu, jaune, vert, les couleurs volent, projetées par les frites, des mains s'impriment sur les tee-shirts, les éponges dégoulinent dans les cheveux, on rit, jusqu'au moment où Étienne crie : « Tous sur les cheftaines et le père Nicolas ! » On crie, on court, c'est vraiment phénoménal-la-la-la-la comme dit la chanson !

C'est notre cheftaine Akéla qui a maintenant le maillot jaune et le père Nicolas qui est revêtu du maillot à pois !

Le pied bleu, c'est plutôt Erwan, qui n'a pas vu qu'il marchait dans une gamelle de peinture. Ça arrive à tout le monde, non ?

Quand les munitions sont épuisées, l'herbe est complètement multicolore. Quant à nous, même nos mères ne nous reconnaîtraient pas ! Il n'y a pas à dire, on sait marier les couleurs !

C'est alors que les cheftaines nous proposent l'activité suivante : la douche !!! Tout s'éclaire : pas question de

★

Et dans ses cheveux noirs, une mèche de cheveux encore peinte en jaune réfléchit la lumière.

polluer la rivière, voilà pourquoi nous avons dû porter tous ces bidons d'eau de la rivière !

Nous enlevons nos tee-shirts et Emmanuel s'avance le premier. La pomme de l'arrosoir se détache et l'arrosoir entier se déverse sur lui pendant qu'il hurle comme un vrai loup.

Nous nous lavons tous, pas peu fiers de notre douche artisanale. Il faut être tout propre pour la messe.

La grosse corvée de bois ? Elle permet aux cheftaines de nous préparer pendant ce temps un dîner trappeur. Les pommes cuiront dans la braise pendant la messe et elles prévoient pour le dessert des bananes au chocolat ! Les loups se lèchent d'avance les babines...

Les cheftaines ont aussi construit un petit autel sous les arbres. Le soir tombe, nous allumons des torches. Le père Nicolas commence à célébrer. C'est très beau, le ciel se pique d'étoiles, nous sommes tout calmes. Dans son homélie, il nous parle de la confiance : pour vivre de grandes choses ou de belles surprises, il faut savoir faire confiance à ceux qui s'en montrent dignes.

Et dans ses cheveux noirs, une mèche encore peinte en jaune réfléchit la lumière.

Les folles AVENTURES de la famille SAINT-ARTHUR

MAME

Achevé d'imprimer en avril 2016
par Lego Print (Italie)
N° d'édition : 16167
Dépôt légal : mai 2016